Want free goodies?
Email us at prayer@inspiredtograce.com

 @inspiredtograce

 Inspired To Grace

date:

today's verse

reflections

prayers

gratitude

date:

today's verse

reflections

prayers

gratitude

date:

today's verse

reflections

prayers

gratitude

date:

today's verse

reflections

prayers

gratitude

date:

today's verse

reflections

prayers

gratitude

date:

today's verse

reflections

prayers

gratitude

date:

today's verse

reflections

prayers

gratitude

date:

today's verse

reflections

prayers

gratitude

date:

today's verse

reflections

prayers

gratitude

date:

today's verse

reflections

prayers

gratitude

date:

today's verse

reflections

prayers

gratitude

date:

today's verse

reflections

prayers

gratitude

date:

today's verse

reflections

prayers

gratitude

date:

today's verse

reflections

prayers

gratitude

date:

today's verse

reflections

prayers

gratitude

date:

today's verse

reflections

prayers

gratitude

date:

today's verse

reflections

prayers

gratitude

❀ ❀ ❀ ❀ ❀

date:

today's verse

reflections

prayers

gratitude

date:

today's verse

reflections

prayers

gratitude

date:

today's verse

reflections

prayers

gratitude

date:

today's verse

reflections

prayers

gratitude

date:

today's verse

reflections

prayers

gratitude

date:

today's verse

reflections

prayers

gratitude

date:

today's verse

reflections

prayers

gratitude

today's verse

reflections

prayers

gratitude

date:

today's verse

reflections

prayers

gratitude

date:

today's verse

reflections

prayers

gratitude

date:

today's verse

reflections

prayers

gratitude

today's verse

reflections

prayers

gratitude

date:

today's verse

reflections

prayers

gratitude

date:

today's verse

reflections

prayers

gratitude

date:

today's verse

reflections

prayers

gratitude

date:

today's verse

reflections

prayers

gratitude

date:

today's verse

reflections

prayers

gratitude

date:

today's verse

reflections

prayers

gratitude

date:

today's verse

reflections

prayers

gratitude

today's verse

reflections

prayers

gratitude

date:

today's verse

reflections

prayers

gratitude

today's verse

reflections

prayers

gratitude

date:

today's verse

reflections

prayers

gratitude

date:

today's verse

reflections

prayers

gratitude

date:

today's verse

reflections

prayers

gratitude

date:

today's verse

reflections

prayers

gratitude

date:

today's verse

reflections

prayers

gratitude

today's verse

reflections

prayers

gratitude

date:

today's verse

reflections

prayers

gratitude

> date:

today's verse

reflections

prayers

gratitude

date:

today's verse

reflections

prayers

gratitude

date:

today's verse

reflections

prayers

gratitude

date:

today's verse

reflections

prayers

gratitude

today's verse

reflections

prayers

gratitude

date:

today's verse

reflections

prayers

gratitude

today's verse

reflections

prayers

gratitude

date:

today's verse

reflections

prayers

gratitude

today's verse

reflections

prayers

gratitude

date:

today's verse

reflections

prayers

gratitude

date:

today's verse

reflections

prayers

gratitude

date:

today's verse

reflections

prayers

gratitude

date:

today's verse

reflections

prayers

gratitude

date:

today's verse

reflections

prayers

gratitude

today's verse

reflections

prayers

gratitude

date:

today's verse

reflections

prayers

gratitude

date:

today's verse

reflections

prayers

gratitude

date:

today's verse

reflections

prayers

gratitude

date:

today's verse

reflections

prayers

gratitude

date:

today's verse

reflections

prayers

gratitude

date:

today's verse

reflections

prayers

gratitude

date:

today's verse

reflections

prayers

gratitude

today's verse

reflections

prayers

gratitude

date:

today's verse

reflections

prayers

gratitude

date:

today's verse

reflections

prayers

gratitude

date:

today's verse

reflections

prayers

gratitude

today's verse

reflections

prayers

gratitude

date:

today's verse

reflections

prayers

gratitude

date:

today's verse

reflections

prayers

gratitude

date:

today's verse

reflections

prayers

gratitude

today's verse

reflections

prayers

gratitude

date:

today's verse

reflections

prayers

gratitude

today's verse

reflections

prayers

gratitude

date:

today's verse

reflections

prayers

gratitude

today's verse

reflections

prayers

gratitude

date:

today's verse

reflections

prayers

gratitude

date:

today's verse

reflections

prayers

gratitude

date:

today's verse

reflections

prayers

gratitude

today's verse

date:

reflections

prayers

gratitude

date:

today's verse

reflections

prayers

gratitude

date:

today's verse

reflections

prayers

gratitude

date:

today's verse

reflections

prayers

gratitude

date:

today's verse

reflections

prayers

gratitude

date:

today's verse

reflections

prayers

gratitude

date:

today's verse

reflections

prayers

gratitude

date:

today's verse

reflections

prayers

gratitude

today's verse

reflections

prayers

gratitude

date:

today's verse

reflections

prayers

gratitude

date:

today's verse

reflections

prayers

gratitude

date:

today's verse

reflections

prayers

gratitude

date:

today's verse

reflections

prayers

gratitude

date:

today's verse

reflections

prayers

gratitude

date:

today's verse

reflections

prayers

gratitude

date:

today's verse

reflections

prayers

gratitude

❀ ❀ ❀ ❀ ❀

today's verse

reflections

prayers

gratitude

date:

today's verse

reflections

prayers

gratitude

today's verse

reflections

prayers

gratitude

date:

today's verse

reflections

prayers

gratitude

today's verse

reflections

prayers

gratitude

date:

today's verse

reflections

prayers

gratitude

Made in the USA
Las Vegas, NV
30 October 2023

79864281R00063